お年寄りと楽しむゲーム&レク③

デイホームのための
お年寄りの簡単ゲーム集

介護度レベル付き

斎藤道雄

黎明書房

PREFACE
はじめに —調味料を大切に—

　平成15年度より，世田谷区社会福祉事業団とゲームアドバイザーとして契約を結ぶこととなりました。事業団は，8つのデイ・ホームを経営していますが，利用者数の維持，増加のためには，職員のゲームのスキルアップをはかることが急務と判断し，今回のお話となりました。

　デイホームの職員の方々と会話をしていくうちに，何を求めているのかが明確になってきたことは，大きな収穫でした。その求めているものとは，

1. とにかくゲームのレパートリー
2. 虚弱者にもできるゲーム
3. みんなでできるゲーム
4. ADL（ability of daily life，日常生活動作）のレベルが違うとき，どこに焦点をあてるか

おもに，こんなところが多数意見でした。

　この福祉事業団ゲームセミナーの最後に，毎回必ず私がスタッフの皆様に伝えることばがあります。それは「調味料を大切にしてください」ということです。ゲームは素材であって，ホームに持ち帰ったら，それぞれの味付けをしてください，ということです。

　先日，ある料理番組を見ていたら，アシスタントの人が先生に向かって，面白いことを聞いていました。
「先生，今，塩はどれくらい入れたんですか？」
「適当です」
「でも，視聴者は，その量を正確に知りたいと思うんですが（笑）」
「調味料なんて，目と舌とからだで覚えながら自分の好みを見つけてくれればいいんです」
　そのやりとりを聞いて，ゲームもまったく同じだなあ……と，感心してしまいました。

　味見をしてみて，もっとしょっぱくしたければ塩を入れればいいし，甘くしたければ砂糖をいれればいいし，その好みは千差万別です。ゲームもそれと同じことで，やってみて難しかったりやさしか

ったら，やりかたを変えてみる。そのくりかえしの作業の結果，利用者にピッタリあったゲームが見つかるんだと思います。
　ウケなかったり，面白くなかったりすることは，失敗じゃなくて，次の機会のヒントをもらっているんだと，私は思います。

　また，本書では，ゲームを実施する際の目やすとなるよう，各ゲームに合ったお年寄りの介護度の区分をしるしました。灰色の部分が該当するお年寄りを示しています。参考にしてください。

　今回も，本書にたくさんの素材を用意しました。どうぞ，もっとおいしく食べられるように，味付けしていただけたら幸いです。

2004年4月2日

斎藤　道雄

もくじ

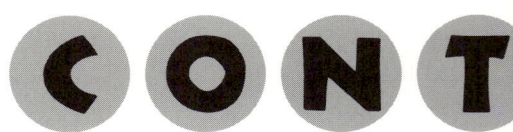

はじめに―調味料を大切に― 1

デイホームで活躍する簡単ゲーム集

からだを動かすゲーム

1. もちつきペッタンコ 8
2. のびのび握手 10
3. 押しずもう 12
4. もしかめ拍手 14
5. 肩たたき 16
6. ダブル指ずもう 18
7. ふるさと（握手バージョン） 20
8. ふるさと（拍手バージョン） 22
9. ごんべいさんの赤ちゃん体操 24
10. ふたりでシーソー 26

もくじ

頭を使うゲーム

11　もしかめビンゴ　28
12　炭坑節ジャンケン　30
13　上へ下へ　32
14　テーマ歌合戦　34
15　ダンス発表会　36
16　たくさんクイズ　38

仲間づくりのゲーム

17　汽車（ゆっくりバージョン）　40
18　汽車（スピードバージョン）　42
19　人数あつめ　44
20　友達賛歌　46
21　靴が鳴るダンス　48
22　ふるさと（みんなでバージョン）　50
23　伝言ジャンケン　52

活気あるデイホーム作りのためのヒント集

1 風船バレーの人気の秘密①　56
2 風船バレーの人気の秘密②　58
3 折り紙ボランティアの先生から学んだこと　60
4 ことばの準備の大切さを知る　62
5 チャンバラごっこがヒントになった　64
6 ドラえもんのポケットのようなデイホーム　66
7 リーダーは全員実習生　68
8 ルールを変えてみる　70
9 用意されていた罰ゲーム　72
10 感謝から主張の時代へ　74
11 居眠りする人たち　76
12 講師を選ぶデイホームに　78
13 小さな親切が大きなお世話になる？　80
14 男性利用者に人気のデイホームの秘密　82
15 体操をマンネリ化させないコツは？　84
16 「わかめ体操」誕生　86
17 季節に応じた体操を創ってみる　88
18 「水戸黄門」とゲームの共通点　90
19 スタートは自分が楽しむことから　92

おわりに—デイホームスタッフの皆様へ—　94

イラスト　渡井しおり

デイホームで活躍する簡単ゲーム集

1. もちつきペッタンコ
からだを動かすゲーム

もちつきの要領で，2人の息が合うかがポイント

対象レベル　| 要支援 | 介護度① | ② | ③ | ④ | ⑤ |

■やり方■

2人組みで向き合って座ります。
左の手のひらを上にして，右手で1回自分の手のひらをたたき，次に相手の左の手のひらを1回たたきます。
これを，息を合わせて，くりかえします。

■説明のポイント■

もちつきの要領だということ。

MEMO

女性のグループは，昔やったのか，すぐにできる人が多い。
慣れたら回数を指定して（10回とか）もできる。
反対（右の手のひらを下にして）でもできる。（結構混乱する）

●●● デイホームで活躍する簡単ゲーム集

2 のびのび握手
からだを動かすゲーム

腕を引っぱり合ってほぐしましょう

対象レベル | 要支援 | 介護度① | ② | ③ | ④ | ⑤

■やり方■

２人組みで向き合って座ります。
握手をして，その手をお互いにゆっくり引っ張り合いましょう。

■説明のポイント■

ゆっくり引っ張ること。

> **MEMO**
> 反対の手，両手でもできる。
> 引っぱったままでいいのに，引いたり押したりしている人がいた。男性は人数が少ないので，女性と組ませてあげたい。
> 　（と思うのは自分だけ？）

●●● デイホームで活躍する簡単ゲーム集

3 押しずもう
からだを動かすゲーム

2人でできる楽しい筋トレ

対象レベル | 要支援 | 介護度① | ② | ③ | ④ | ⑤

■やり方■

2人組みで向き合って座ります。
お互いの片手（手のひら）を合わせて，押し合ってみましょう。
反対の手，両手でもやってみましょう。

■説明のポイント■

あらかじめ握手のできる間隔をとること。
いすの真ん中にしっかり座ること。

MEMO

押しているその手が，ワナワナと震えている人がいた。
結構，力を使う。
一人でもできる。（胸の前で手と手を合わせて押す）

● ● ● デイホームで活躍する簡単ゲーム集

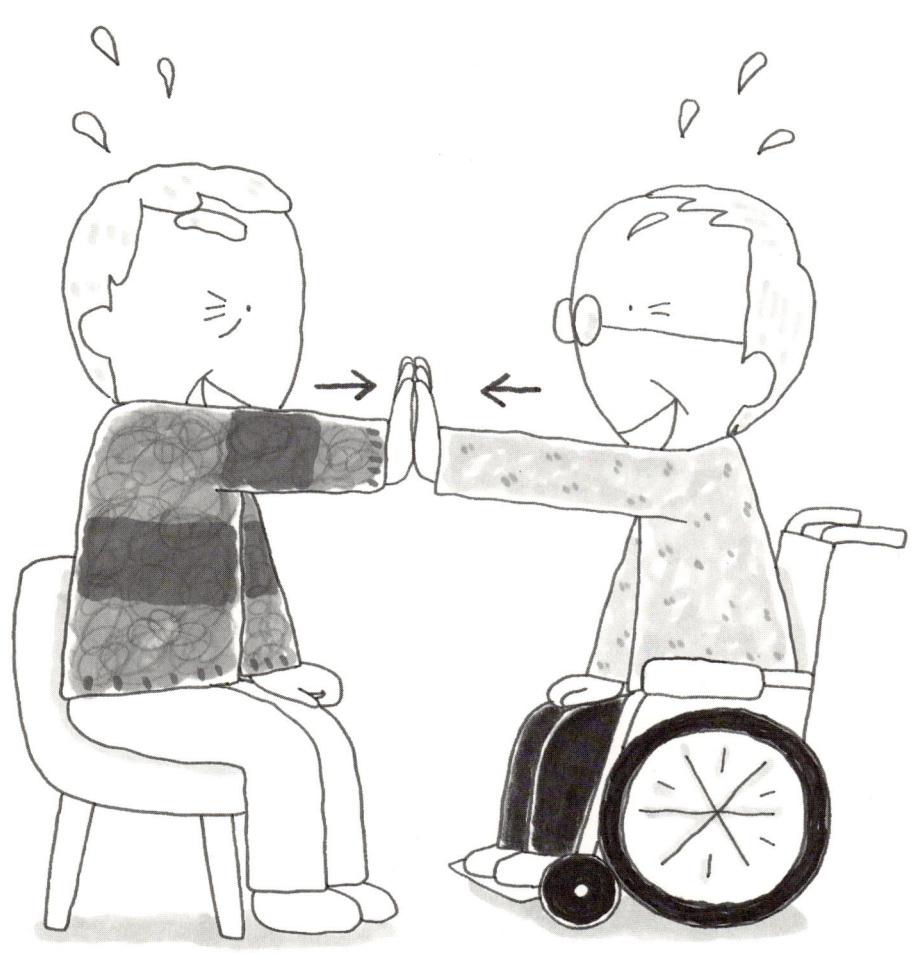

4 もしかめ拍手
からだを動かすゲーム

うまくできれば喜び2倍

対象レベル | 要支援 | 介護度① | ② | ③ | ④ | ⑤

■やり方■

2人組みで向き合って座ります。
うさぎとかめの歌にあわせて以下の振り付けを行います。

①拍手を1回する。
②お互いの両手（手のひら）を，1回合わせる。
③自分のひざを1回たたく。

もし　もし　かめ　よ　かめ　さん　よ　〜
①　　②　　①　　③　　①　　②　　①　③（くりかえし）

■説明のポイント■

3つの動きがあること。（拍手，手を合わせる，ひざをたたく）

デイホームで活躍する簡単ゲーム集

5 肩たたき　　からだを動かすゲーム

スキンシップと肩たたきと一挙両得

対象レベル　| 要支援 | 介護度① | ② | ③ | ④ | ⑤ |

■やり方■

２人組みで向き合って座ります。

右手で向かい合った相手の左肩をたたきます。

同様に反対も行いましょう。

■説明のポイント■

右手で（相手の）左肩をたたくこと。

MEMO

両手でいっぺんに行うこともできる。

（２人の距離は大接近）

若い人とやってるときは，とってもうれしそう。

（ふだんの憎しみがこもって？）強くたたいている人もいる？

「肉が多すぎよ」なんて，平気で言っている人がいる。

（怖〜い）

何も言わないのに勝手に両手で肩を抱き合っている人がいた。

歌にあわせてもできる。

● ● ● デイホームで活躍する簡単ゲーム集

6 ダブル指ずもう
からだを動かすゲーム

たかが指ずもう，されど指ずもう

対象レベル　| 要支援 | 介護度① | ② | ③ | ④ | ⑤ |

■やり方■

２人組みで向き合って座ります。
普通に指ずもうを行う要領で片手を組んだら，もう一方の手も組みます。
両手で同時に指ずもうを行います。

■説明のポイント■

はじめに片手ずつ練習してから行うこと。

MEMO

両手でやると，結構ハード。
たかが指ずもう。でも結構……マジ。
なかには巧妙に人差し指を使う人がいた。
真剣勝負で，実習生は負けていた。

● ● ● デイホームで活躍する簡単ゲーム集

7 ふるさと（握手バージョン）
からだを動かすゲーム

知らず知らずに握手をたくさんするゲーム

対象レベル　| 要支援 | 介護度① | ② | ③ | ④ | ⑤ |

■やり方■

２人組みで向き合って座ります。

ふるさとの歌にあわせて以下の振り付けを行います。

①拍手を１回

②右手で握手を１回

③左手で握手を１回

う　さ　ぎ　お〜い　し　か　の　や　ま　〜　〜
①　②　③　①　②　③　①　②　③　①　②　③

　　　　　　　　　　　　　　　（以下くりかえし）

■説明のポイント■

はじめは手だけで練習して，慣れたら歌いながらやってみる。

MEMO

拍手を１回，同じ手で２回握手してもできる。
　（こっちの方がより簡単）

●●● デイホームで活躍する簡単ゲーム集

からだを動かすゲーム
8 ふるさと（拍手バージョン）

簡単だけど，できるとうれしい

対象レベル　| 要支援 | 介護度① | ② | ③ | ④ | ⑤ |

■やり方■

２人組みで向き合って座ります。
ふるさとの歌にあわせて以下の振り付けを行います。

①拍手を１回（ポン）
②相手と両手（手のひら）を，２回あわせる（パンパン）

　う　　さ　ぎ　　お〜いし　　か　の　や　　ま　　〜
　①　　　②　　　①　　②　　　①　　②　　　①　　②

■説明のポイント■

はじめは手だけで練習して，慣れたら歌いながらやってみる。

> **MEMO**
> 本書で紹介する３つのふるさとバージョンの中では，一番簡単。
> あまり興奮してやると，手が真っ赤になる。
> 他にも，３拍子の歌ならなんでも可。

●●● デイホームで活躍する簡単ゲーム集

9 ごんべいさんの赤ちゃん体操
からだを動かすゲーム

頭とからだ，両方一緒に使った体操

対象レベル　| 要支援 | 介護度① | ② | ③ | ④ | ⑤ |

■やり方■

ごんべいさんの赤ちゃんの替え歌を使った体操です。
歌詞と手の動きは次のとおりです。

　グー　　チョキ　　パー　　チョキ　　グー　　チョキ　　パー
ごんべ　さんの　　赤　　ちゃんが　風邪　　ひい　　た〜

歌詞，手の動きともに，このくりかえしです。

■説明のポイント■

まず，手だけで練習してみましょう。
様子を見て，歌にあわせてやってみましょう。

MEMO

ばんざいをしながら行うと，運動量が増える。
「グーチョキパー」のあとに，「イエイ！」を入れてもいいかも。
足だけでもできる。グー⇒足を閉じる，
チョキ→足を前後に開く，パー⇒足を横に開く
手と足の両方いっぺんでもできる（ちょっと難しいけど）。

● ● ● デイホームで活躍する簡単ゲーム集

10 ふたりでシーソー

からだを動かすゲーム

前へ後ろへ，2人で息を合わせて

対象レベル | 要支援 | 介護度① | ② | ③ | ④ | ⑤

■やり方■

2人組みで向き合って座ります。
両手をつないで，その手を後ろへ引いたり，前へ押したりして，2人でからだを前後に動かしてみましょう。

■説明のポイント■

握手のできる間隔をとること。
イスの真ん中にしっかり座ること。
ゆっくり引っぱること。

MEMO

慣れたら，数を指定してもできる。
　（まず10回やってみましょう）
または歌に合わせてもできる。
引っぱりすぎに注意。

●●● デイホームで活躍する簡単ゲーム集

11 もしかめビンゴ
頭を使うゲーム

一瞬の判断力が成功のカギ

対象レベル　| 要支援 | 介護度① | ② | ③ | ④ | ⑤ |

■やり方■

2人組みで向き合って座ります。
うさぎとかめの歌にあわせて以下の振り付けを行います。

①拍手を2回
②お互いに両手で，○または×をつくる
③お互つくったポーズによって，次のようにします
　　ポーズが同じ場合　　握手を4回
　　ポーズが違う場合　　おじぎ（ごめんなさい）を1回

もしもし かめよ　　かめさんよ〜
　①　　　②　　　　③　　（以下，歌にあわせてくりかえす）

■説明のポイント■

出したものが同じなら，握手をするということ。
出したものが違ったら，おじぎをするということ。

●●● デイホームで活躍する簡単ゲーム集

12 炭坑節ジャンケン
【頭を使うゲーム】

なじみの曲で，ジャンケンポン

対象レベル　| 要支援 | 介護度① | ② | ③ | ④ | ⑤ |

■やり方■
2人組みで向き合って座ります。
炭坑節の曲にあわせて，以下の振り付けを行います。
①ほってほってまたほって
②かついでかついでジャンケンポン
③勝者　…ばんざいばんざい　ひらいてちょちょんがちょん
　敗者　…ごめん　ごめん　　ひらいてちょちょんがちょん
　あいこ…握手　　握手　　　ひらいてちょちょんがちょん

■説明のポイント■
勝った場合は，ばんざいをすること。
負けた場合は，ごめんなさいをすること。
あいこの場合は，握手をすること。

MEMO

炭坑節はからだになじんでいるのか，上手な人が多い。難しいようだったら，「押して押して」のところだけ，2人で両手を合わせるだけでもいい。（ジャンケンはなしで）

● ● ● デイホームで活躍する簡単ゲーム集

頭を使うゲーム
13　上へ下へ

上がったり，下がったり，エレベーターのようなゲーム

対象レベル　| 要支援 | 介護度① | ② | ③ | ④ | ⑤ |

■やり方■

2人組みで向き合って座ります。
両手でげんこつをつくり重ね，2人で合計4つのげんこつが重なるようにします。
リーダーが「上へ」と言ったら，一番下にあるげんこつを一番上に移動し，反対に「下へ」と言ったら，一番上にあるげんこつを一番下へ移動します。
指示どおりできるよう，協力して行います。

■説明のポイント■

「上へ」のときは一番下にあるげんこつだけを動かすこと。
「下へ」のときは一番上にあるげんこつだけを動かすこと。

MEMO

手だけが上にあがりすぎて立ち上がっていたグループがいた。
　（手を下げればいいのに……）
人の話を聞かない人は，できない。
でも，2人のうちのどちらかが，人の話を聞ければできる。

● ● ● デイホームで活躍する簡単ゲーム集

14 テーマ歌合戦

頭を使うゲーム

歌とクイズがミックスになったゲーム

対象レベル　| 要支援 | 介護度① | ② | ③ | ④ | ⑤ |

■やり方■

グループをつくります。

あるテーマ（動物，自然，昔話，春，夏，秋，冬など）を指定して，各グループにはそのテーマに合った歌を選び出し，グループ全員で歌ってもらいます。

チーム対抗で交互に行います。

■説明のポイント■

相談して決めるということ。

決めた歌は全員で歌うということ。

> **MEMO**
> 人数が多ければ，グループ数をふやすこともできる。
> 「（決めた歌が先に歌われちゃうから）順番を先にしてくれ」という人がいた。（丁重にお断り申し上げた）
> 基本的には歌なので，レベルに関係なくみんなでできる。

● ● ● デイホームで活躍する簡単ゲーム集

桃太郎

浦島太郎

金太郎

15 ダンス発表会

頭を使うゲーム

発表する緊張感もまた楽し

対象レベル　| 要支援 | 介護度① | ② | ③ | ④ | ⑤ |

■やり方■

グループをつくり，それぞれ円形に座ります（相談しやすいように）。あらかじめ，「靴が鳴るダンス」（48頁参照）を教えておいて，各グループで練習し，発表してもらいましょう。

■説明のポイント■

歌いながら楽しく動くということ。
大きな声で，大きく動くということ。
それは運動効果をあげるのによいということ。

MEMO

練習のときは楽しそうだけど，発表のときは，結構緊張している。
　（それがまたいいんだけど）
スタッフが入ると，依存する傾向がある。
　（あんたがやってよ？）

● ● ● デイホームで活躍する簡単ゲーム集

16 たくさんクイズ

頭を使うゲーム

何でもかまわず，言ったもん勝ち？

対象レベル　| 要支援 | 介護度① | ② | ③ | ④ | ⑤ |

■やり方■

グループをつくります。

あらかじめ，筆記用具を配布しておき，答えがたくさんあるような問題を出します（都道府県名，温泉の名前，色の名前，野菜の名前，職員の名前……）。

各グループでできるだけ多く答えを書き出してもらい，答えの数の多さで勝敗を競います。

■説明のポイント■

たくさん書き出した方がよいこと。

> **MEMO**
> 結構必死になる。
> 聞いたことのないようなものが，ときどき出てくる。
> 「今日きている参加者の名前」という問題を出したら，歩き回って，名札を確認しに行く人が続出した。

●●● デイホームで活躍する簡単ゲーム集

17 汽車（ゆっくりバージョン）

仲間づくりのゲーム

みんなでテンポよく歌って，たたいてみましょう

対象レベル　| 要支援 | 介護度① | ② | ③ | ④ | ⑤ |

■やり方■

円形に座ります。
自分のひざを2回（ポンポン）とたたきます。
次に右隣りの人のひざを（両手で）2回（ポンポン）とたたきます。
これを「汽車」の歌（今は山中～）にあわせてくりかえして行ってみましょう。
①自分のひざを2回たたく
②右隣りの人のひざを2回たたく

♪今は　山中　今は　浜～
　①　　②　　①　　②　（以下，歌にあわせてくりかえす）

MEMO

隣の人との間隔を狭めると，やりやすい。
他人のひざを触るなんて，こんなときぐらい？
個人的には，汽笛の音（ポッポーとか）を言わせたい。

●●● デイホームで活躍する簡単ゲーム集

い〜まは やまなか
い〜まは はま〜

18 汽車（スピードバージョン）

仲間づくりのゲーム

成功しても，失敗しても，どっちでも楽しい！

対象レベル　| 要支援 | 介護度① | ② | ③ | ④ | ⑤ |

■やり方■

円形に座ります。「汽車」の歌（今は山中〜）にあわせて，以下の振り付けを行ってみましょう。

①右隣りの人のひざを両手で8回たたく
②左隣りの人　　〃
③右隣りの人　　〃　4回
④左隣りの人　　〃
⑤右隣りの人　　〃　2回
⑥左隣りの人　　〃
⑦右隣りの人　　〃　1回
⑧左隣りの人　　〃
⑨拍手を1回

今は山中　今は浜・・・①　　今は鉄橋わたるぞと・・・②
思うまもなく・・・・・③　　トンネルの・・・・・・④
やみを・・・・・・・・⑤　　とおって・・・・・・・⑥
ひろ・・・・・・・・・⑦　　のは・・・・・・・・・⑧
ら・・・・・・・・・・⑨

●●● デイホームで活躍する簡単ゲーム集

> **MEMO**
> 途中で，左右がわからなくなり，混乱することがある。
> （それも結構楽しい）

19 人数あつめ

仲間づくりのゲーム

仲間をつくりすぎると失敗する？

対象レベル　| 自立 | 要支援 | 介護度① | ② | ③ | ④ | ⑤ |

■やり方■

円形に座ります。

リーダーの指示した人数と，同じ人数で手をつないで上に上げます。

リーダーが「2人」と言えば，近くの人と2人で手をつないで上げます。

正確さと速さで勝敗を競います。

■説明のポイント■

競争（速いほうがよい）するということ。

MEMO

このゲームは，結構混乱する。（2人と言っても，3人になったり，4人になったりする）それが面白いんだけど。人数を増やすとさらに混乱する。（7人とか9人とか）それが，さらに面白いんだけど。

人数のかわりにことばで数を指定することもできる。

「ばなな」　⇒3人組

「にわとり」⇒4人組

●●● デイホームで活躍する簡単ゲーム集

20 友達賛歌 　仲間づくりのゲーム

みんなで歌って動けば，楽しさ倍増

対象レベル | 自立 | 要支援 | 介護度① | ② | ③ | ④ | ⑤

■やり方■

円形に座ります。

「友達賛歌」（アメリカ民謡，阪田寛夫訳）を歌いながら，以下の振り付けを行います。

①両隣の人と腕を組む
②両隣の人と手をつないで，前後に振る
③おじぎをする（手はつないだまま）
④つないでいる両手を上下する

「友達賛歌」（メロディーはごんべいさんの赤ちゃん）

ひとりとひとりがうで組めば　・・・　①
たちまち誰でも仲良しさ　・・・・・　②
やあやあみなさんこんにちは　・・・　③
みんなで握手　・・・・・・・・・・　④

MEMO

知らない人が多い歌だけど，メロディーはわかるので，覚えやすい。
ホントは続きもあるので，興味のある人は調べてみてください。

●●● デイホームで活躍する簡単ゲーム集

ひとりとひとりが ♪
うで組めば〜

47

21 靴が鳴るダンス

仲間づくりのゲーム

童心に戻れる歌と振り付け

対象レベル　| 要支援 | 介護度① | ② | ③ | ④ | ⑤ |

■やり方■

円形に座ります。
「靴が鳴る」の歌にあわせて以下の振り付けを行います。
①全員で手をつないで前後に振る
②からだを右左にゆらす
③両手を上下する
④①に足ぶみを加える
おててつないで野道を行けば・・・・①
みんなかわいい小鳥になって・・・・②
うたをうたえば靴が鳴る・・・・・・③
晴れたみそらに靴が鳴る・・・・・・④

MEMO

グループ別に，発表してもらったこともある。（36頁参照）
幼稚っぽいかな？　とも思ったが，結構楽しそう。
参加者に振り付けをしてもらったこともある。

●●● デイホームで活躍する簡単ゲーム集

お～て～て～つ～ないで～

49

仲間づくりのゲーム
22 ふるさと（みんなでバージョン）

練習なしでもその場で簡単にできるゲーム

対象レベル | 要支援 | 介護度① | ② | ③ | ④ | ⑤

■やり方■

円形に座ります。
ふるさとの歌にあわせて以下の振り付けを行います。
①拍手を1回（ポン）
②両手で両隣りの人と，2回手のひらを合わせる（パンパン）

　う　　さ　ぎ　　お〜いし　　か　の　や　　ま〜〜
　①　　　②　　　①　　②　　　①　　②　　　①　　②

■説明のポイント■

はじめは手だけで練習してみる。
慣れたら歌いながら。

> **MEMO**
> この類のゲームは，参加者のレベルに差があるときや，世代間に差があるときに向いている。
> 先日も，家族交流会で実際に行いました。

●●● デイホームで活躍する簡単ゲーム集

仲間づくりのゲーム
23 伝言ジャンケン

伝言ゲームの，ジャンケンバージョン

対象レベル　| 要支援 | 介護度① | ② | ③ | ④ | ⑤ |

■やり方■

円形に座ります。

だれか一人スタートの人を決め，そこから左回りにジャンケンのグー，チョキ，パーのいずれかひとつを送ります。

このときの送り方は，相手の背中に手をあてて送ります。

最後の人まで送られたら，みんなでいっせいに出して，正確に送られたかどうか確認します。

■説明のポイント■

送るもの（グー，チョキ，パー）はスタートの人が決めること。

グー，チョキ，パーのいずれかひとつを送ること。

送るときに，他の人に見えないようにすること。

（できるだけ近寄って座るとよい）

> **MEMO**
> 人数が少ない方がやりやすい。（3人とか，4人とか）
> でも，たくさんいた方が楽しい。（7人とか，8人とか）
> 背中から感じ取るのは，結構難しい。
> 厚着をしていると，なお難しい。

●●● デイホームで活躍する簡単ゲーム集

活気ある
デイホーム作りの
ためのヒント集

1 風船バレーの人気の秘密①

ただ，風船をたたけばいい。落ちなければそれでいい。

　デイサービスとくれば風船バレーと連想できるぐらい，風船バレーはどこでも人気の高いゲームのひとつであります。では，なぜ，風船バレーがこんなに重宝されるのか，自分なりにその理由を考えてみました。

　あるデイサービスで風船バレーを見学していたら，面白いことを2つ発見することができました。

　まず，ひとつめは，「ルールが理解できなくても大丈夫」だということ。

　たとえば，サッカーゲームをしたとしましょう。ゴールに入れたら勝ち，というところまでは理解できても，実はどっちのゴールに蹴ったらいいかが，結構難しかったりします。

　蹴る方向を間違えて，「反対だよっ！」と仲間から非難されるケースもあります。このようなゲームの場合，必然的に，全員がルールを理解しなければ，うまく進行できないことになります。

　それに対して風船バレーの場合は，とりあえず，下に風船が落ちなければ問題はありません。自分のところにきた風船をたたけば（方向に関係なく），なんとかなります。

　目の前に風船が飛んできたら，ただ，たたけばいい。とっても単純なのが風船バレーのよいところなのです。

● ● ● 活気あるデイホーム作りのためのヒント集

2 風船バレーの人気の秘密②

失敗しても，まわりの人がなんとかしてくれる。

　風船バレーがはやる理由をもうひとつ。それは，「身体能力の差があまり関係ない」ということです。

　ボール送りリレー（バケツリレーのようなもの）を例にして説明してみましょう。
　まずこのゲームは，「ひとりひとりが素早く動くこと」が求められます。その結果が勝敗を分けてしまうゲームです。
　だから，ひとりでも遅い人がいると，当然そのチームは不利になります。だから，勝ちたい人は（虚弱な人が同じチームにならなければいい）と，考えるのも無理のないルールになっているのです。

　でも，風船バレーの場合，もし自分がうまく風船をたたけなかったとしても，落ちるまでにまわりの人がフォローすることができます。要するに，うまくできなくても，まわりに迷惑がかからないゲームなんです。
　実際に風船バレーをしながら，寝ている人を目撃したこともありますが，ゲームの進行には，さほど支障はありませんでした。（寝ていてもできるってこと？）
　もし，リレー競争の場合だったら，その人はきっとまわりの人にたたき起こされて（安眠を妨害される？）いたことでしょう。

● ● ● 活気あるデイホーム作りのためのヒント集

3　折り紙ボランティアの先生から学んだこと

折り紙のホントの役割は，話のきっかけづくりにあった。

　あるデイホームに，年に2，3回，折り紙ボランティアの先生が来てくれます。利用者にはこれがなかなか好評のようなのです。
　実は，このボランティアは中学校の先生で，毎回，生徒たちを数人連れて来ていました。中学生がお年寄りに折り紙を教えるというやり方が，お年寄りにうけている理由のようでした。

　その先生とお会いしたとき，次のようなことをおっしゃっていました。
　「折り紙を教えることが目的ではなく，本当の目的は，生徒とお年寄りがコミュニケーションをとることです。折り紙は，ただ単に，その橋渡しをする道具にすぎません」
　折り紙は，生徒とお年寄りの会話の潤滑油みたいなもの，ということでした。

　考えてみれば，ただ，折り紙だけを教えるなら，先生ひとりでも充分なはずです。

　本来，ゲームもこのように，道具として扱うべきであるのに，いつのまにか，そのゲームに振り回されている自分がいたりします。
　折り紙ボランティアの先生のように，使用目的をはっきりさせて，ゲームを使いこなしたいものです。

● ● ● 活気あるデイホーム作りのためのヒント集

4 ことばの準備の大切さを知る

ことばが用意されていると，気持ちも楽ちん。

　先日，ある先輩指導員と「高齢者の体力づくり教室」の仕事に行ったときのことでした。

　指導が始まる前に，その先輩はしきりにメモをとっていました。何を書いているんだろうと，そっとのぞきこんでみると，ゲームの説明のしかたを，自分なりのことばで書き込んでいました。

　いつもスラスラと，とてもわかりやすい説明ができるのには，あらかじめ，こんなことばの準備があったことを，ここで初めて知りました。

　ゲームをただ知っているのと，実際に人前で行うのでは，全く違うことは，経験上わかっているつもりでした。研修会に行っても「ああ，そのゲーム知ってる，知ってる」なんて程度にしか，思わないこともしばしばです。でも，実際に自分でやってみると，うまくいかないことが多いのです。

　それに，私には，説明をメモするという習慣がなかったので，文字に書き出してみると，頭の中でしっかり整理されることがわかりました。整理されていれば，落ち着いて話すこともできます。

　ことばを準備することで，一番得するのは……，ホントは自分自身のような気がします。

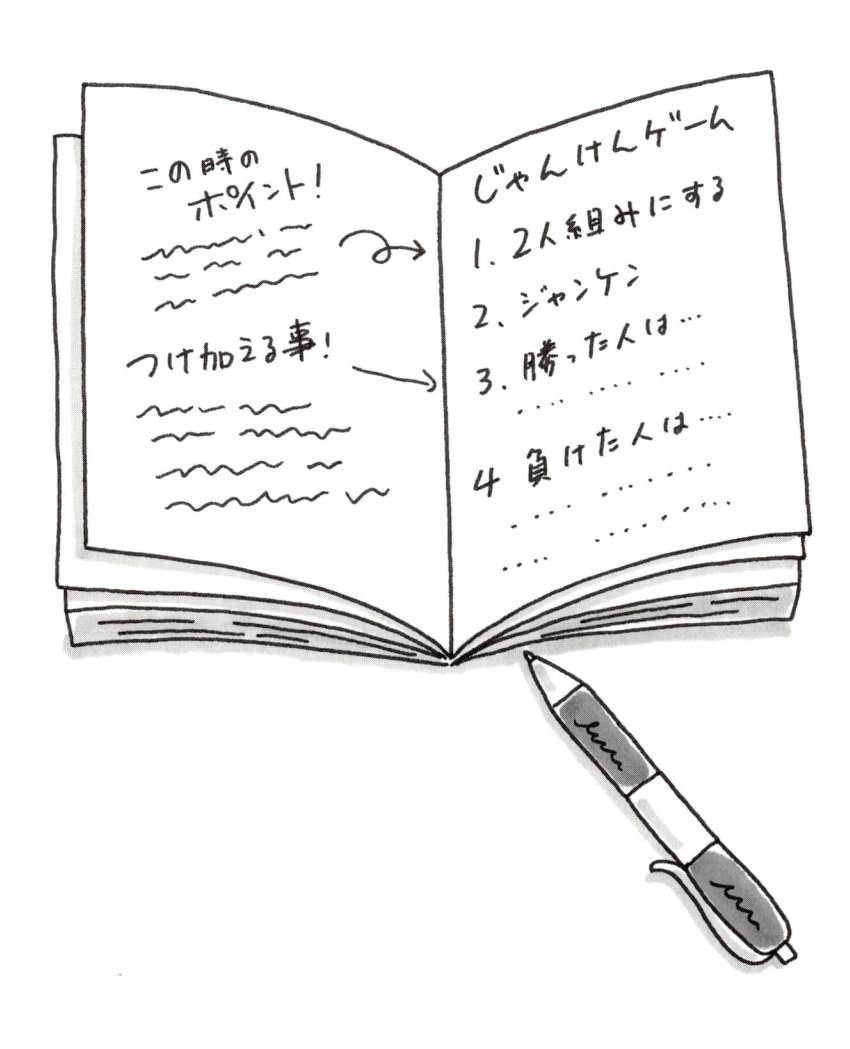

● ● ● 活気あるデイホーム作りのためのヒント集

5　チャンバラごっこがヒントになった

アイディアは身近なところからやってくる。

　先日，ある施設で棒体操をしていたときのことです。棒は，新聞紙を丸めた長さ50センチぐらいの物を使用していました。

　この棒を使って，何か面白いことできないかな？　と考えながら，棒をじっと見ていたのですが，なかなかよいアイディアが浮かんできませんでした。でも，そんな私に，参加者のある行動がヒントをくれました。

　棒を参加者に配っていると，誰かが隣の人と，棒を使ってチャンバラごっこのマネごとをしていました。

　（なんだか，楽しそうだなあ）と思った私は，すぐさま，参加者を2人一組にして，同じことをマネしてみました。

　すると……これが結構楽しそうなんです。私にとっては，とっても意外でした。こんなことは，きっと自分ひとりでは考えつかなかったことでしょう。

　普通，棒体操といったら，棒を持ち上げたり，前に出したりとお決まりのパターンを号令に合わせてやっていくことしか頭にありませんでした。

　参加者の皆様，どうかまた，新しいアイディアをお待ちしております。

●●● 活気あるデイホーム作りのためのヒント集

6　ドラえもんのポケットのようなデイホーム

　「考えていることは実行しなければ，考えていないことと同じ」と誰か？　が言っていた。

　あるデイホームを見学したとき，なかなか面白いことをやっていたので，ここでご紹介します。

　まず使用するものは，円形の布（布を縫い合わせてつくった，直径2メートルほどのもの）と，ビーチボールを1個。参加者10人が円陣になり，その布の円周上（布のはしっこ）を両手で持ちます。

　その中に，ボールを入れて転がします。布からボールが落ちないように，みんなで協力してグルグルと，ちょうどルーレットの上を玉が転がるようにまわしていました。

　これは，「バルーン」と呼ばれるものがヒントになっています。幼稚園の運動会の競技でよく使用されています。「バルーン」のことは知っていたのですが，高齢者施設で実際に使用しているのを見たのは，はじめてのことでした。

　こんなものがあったらいいな，と頭で考えることがあっても，実行するのはなかなか難しいものです。この施設では，この「あったらいいな」を形にしています。

　そんな，ドラえもんのポケットのような，素晴らしいデイホーム

● ● ● 活気あるデイホーム作りのためのヒント集

に敬意を払いたいと思います。

7　リーダーは全員実習生

お年寄り，甘く見てると，痛い目に

　先日，グループゲームをしようと思い，参加者を10人一組にして，丸くなって座ってもらいました。グループが4組に，実習生がちょうど4人いたので，各グループに1人ずつ入ってもらいました。

　こちらが，「リーダーを1人決めてください」と指示を出すと，ゴソゴソと話を始めました。なんて言ってるのかと，そばに行って聞いてみると……
　「○○さん，やんなさいよ」(いきなり押しつけ攻撃)
　「わたしゃ，風邪引いてるからダメよ」(そんなに元気なのに)
　「○○さん，男でしょ，やりなさいよ」(どっちがリーダー？)
　「○○さん，年上だからどう？」(こんなときだけ年上って？)
と，リーダーを決めるのに(断るのに？)，よくもまあ，いろんな理由が次から次へと出てくるものです。

　しばらくしてから，「じゃあ，リーダーに選ばれた方，ご起立ください」と言うと，そのリーダーはすべて実習生でした。(というより，されていた？)

　きっと実習生たちは机の上だけではわからないことを学んで帰ったことでしょう。

● ● ● 活気あるデイホーム作りのためのヒント集

8 ルールを変えてみる

あまりルールにこだわりすぎると自分にも参加者にも負担が多くなることがある。

あるデイホームを見学したときのこと。そこではちょうど，丸くなってボール蹴りをしていました。そのルールは次の通りでした。
1　足だけを使って蹴ること。
2　(真ん中に立てられた) ペットボトルを倒さないこと。
3　倒してしまったら，1曲歌うこと。
ちなみに，ペットボトルは2本，ボールは直径30センチほどのビーチボールを1個使用していました。

きっと，何度かやった経験があるのでしょう。参加者のみなさんも心得たもので，進行の意図に反して，なかなかペットボトルを倒してくれませんでした。それを見たスタッフは次のような行動をとりました。
1　ペットボトルの数を2本から4本に増やした。
2　ボールを1個から2個へと増やした。
要するに，ペットボトルが倒れる確率を高くしたのでした。このことにより，ペットボトルが倒れ始め，ゲームも次第に盛り上がりを見せ始めました。

実際にやってみたらうまくいかなかった。私もこんな経験はしょっちゅうあります。この例のように，思いきってルールを変えてしまうことがあってもいいんじゃないでしょうか。

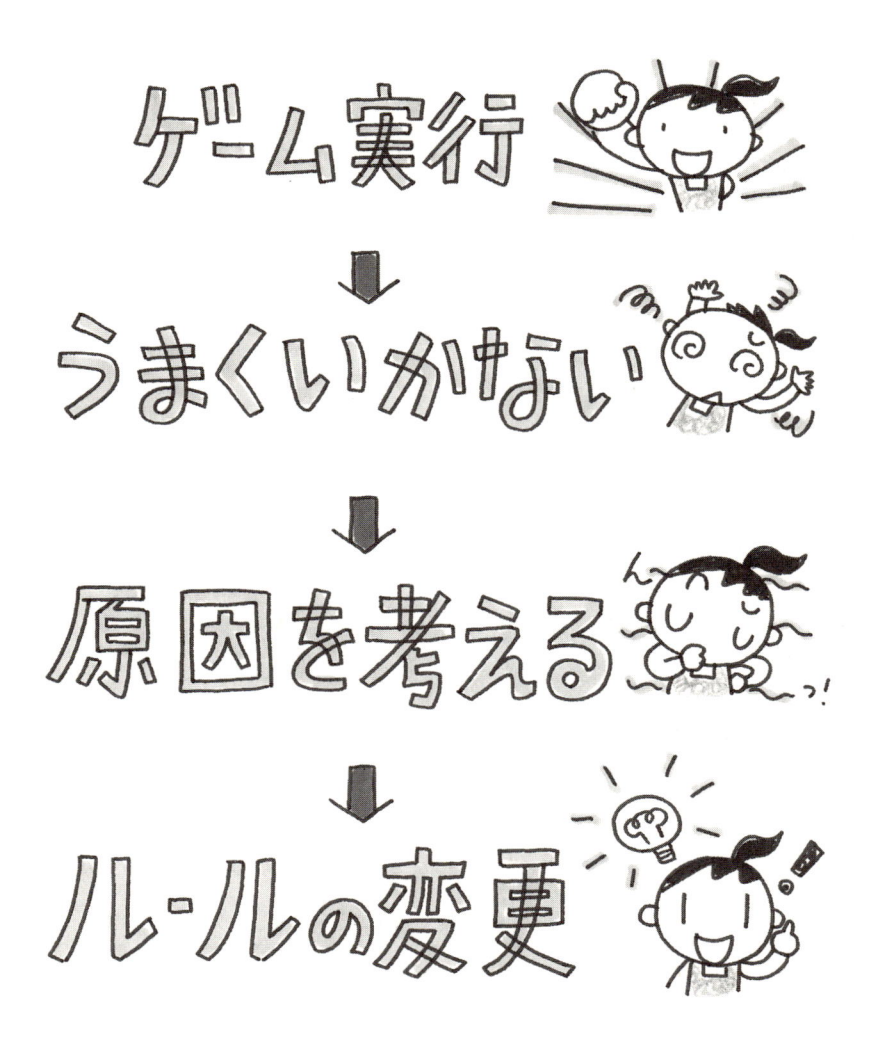

ゲーム実行
↓
うまくいかない
↓
原因を考える
↓
ルールの変更

9 用意されていた罰ゲーム

罰ゲームの使い方次第で，ムードが変わる。

　罰ゲームと聞くと，私は運動部出身のせいか，走らされたり，掃除させられたりと，あまりよいイメージがありません。負けたくないから頑張る。そんなイメージがあるせいか，ゲームでもあまり罰ゲームは使用しませんでした。

　あるデイホームで，「負けた人が歌う」という罰ゲームつきのゲームをしていました。どうなるのかと思い様子を見ていましたが，意外にも和やかなムードだったのです。

　というのは，そこに，罰ゲーム用の（負けた人用の）歌詞カードが用意されていました。「何でもいいから1曲歌ってください」と言われると，困ってしまうものです。でも，そこには歌が用意されていたので，戸惑うことなく歌うことができました。
　しかも，その人ひとりだけが歌わされるのでなく，参加者全員で歌っていたのでした。

　考えようによれば，罰ゲームはあくまでも，みんなが歌うためのきっかけづくりのようなものでした。こんなやりかたなら，罰ゲームも，きっと楽しくできるんじゃないでしょうか？

活気あるデイホーム作りのためのヒント集

○お年寄りが迷う聞き方○

何が歌いたいですか？

何がやりたいですか？

自由にやってみましょう

○わかりやすい聞き方○

○○を歌いましょう

○○と△□どちらにしますか？

♪〜

エ〜ト…

10 感謝から主張の時代へ

●●●●●●●●●●●●●●●●●●●●●●●●●●●
これからふえていく，主張型タイプの利用者とは？

　高齢者と呼ばれる世代の方々を見ていると，大きく2つのタイプに分けることができると思います。ひとつは，感謝型タイプ，もうひとつは，主張型タイプです。

　まず感謝型タイプは，常に感謝をしてくれるような人で，だいたい何をしてあげても「ありがとうございます」とお礼を言ってくれるような人です。スタッフからすると，扱いやすいタイプでもあると言えます。

　一方，主張型タイプは「ああしてほしい」とか「こうしてほしい」だとか，自分の意見を主張するタイプ。どこでもひとりはこういうタイプがいるんじゃないでしょうか？　スタッフには裏で陰口でも言われていそうなタイプかもしれません。
　時代の差なのか，感謝型タイプの方が（世代が）上の場合が多いようです。

　これからは，主張型タイプの人がもっとふえていくと思います。施設にとっては，扱いづらい人種とも言えるかもしれませんが，本当の価値が問われてくるのだと思います。
　子どもたちが学校で，だまって先生の話を聞く時代はすでに終わっているのと同じように，お年寄りがだまって感謝する日が終わる

● ● ● 活気あるデイホーム作りのためのヒント集

のも近いと思います。

感謝
タイプ

主張タイプ

ずっしり

11　居眠りする人たち

一回戦負けの人たちのゆくえは……

　あるデイホームを見学したときのこと。そこではテーブルホッケーをやっていました。約20人の参加者で、スタッフは2人（プラス1人が出たり入ったり）といった状況でした。
　卓球のボールとラケットを使用して、2人1組のトーナメント方式で行われていました。が、時間が経つにつれて、居眠りをする人が増えていきました。そのほとんどの人は、1回戦で負けたチームの人たちでした。

　実は、このゲームはトーナメント方式だったので、負けるとそこで「終了」となります。見るからに強そう（丈夫そう）なチームだけが勝ち残っていきました。

　1試合3分としても、全9試合で27分。それに入れ替えの時間が8回加わりますから、初戦敗退チームは、30分以上も出番がないということになります。寝てしまうのも無理がないかもしれません。

　この場合、テーブルホッケーやトーナメント方式がいけないとかの問題ではなく、この居眠りする人たちを見て、どう思うのかが問題だと思うんです。
　それでも、無理矢理に起こされなかっただけ、よかったのかもしれませんが……。

● ● ● 活気あるデイホーム作りのためのヒント集

12 講師を選ぶデイホームに

自分たちのホームにあった講師を選ぶことが，結局は自分たちのためになる。

　デイホームでの活動には，さまざまなプログラムがあり，それを講師の先生に一任しているところもあります。簡単に言えば，講師におまかせの状態です。

　しかし，講師は指導をするのではなく，指導をさせていただいている立場にあると，私は思います。そして，施設はその講師を選ぶ立場にあります。

　かつて，私は幼児体育指導者として，いろいろな幼稚園に「体操の先生」として派遣されていました。そこで，幼稚園の方針にあった指導ができなければ，即，講師交代となります。不要なものはいらない。これが現実です。

　利用者や職員の要望や疑問があれば，まず，講師に伝えること。講師の先生ならば，きっとそれに答えてくれるはずです。また，答えてくれなかったり，できないのであれば，講師を選び直した方がいいかもしれません。

　講師が選ばれることで，講師も向上し，最終的には施設のサービスも向上します。よって，講師を選ぶことがデイホームのためになるのではないでしょうか？

●●● 活気あるデイホーム作りのためのヒント集

デイホームの方針 ＝ 講師の方針

デイホームの方針 ≠ 講師の方針

13　小さな親切が大きなお世話になる？

手伝わない（何もしない）という親切もある

　先日，私が体操指導をしているときのこと。その時間にはちょうど実習生も１人参加していました。毎回，参加者は名札をつけることになっていて，入り口に並べてある名札を，各自自分で探して着席するしくみになっていました。

　その実習生は，気を利かせてくれて，机の上にあった名札を，並べてあったイスの上に置き始めました。しかし，これがもめごとのはじまりでした。
　というのは，参加者が座る場所は，一応自由なのですが，そこは暗黙の了解があるようで，だいたいいつも決まったところに座っていたのです。
　そこでいつものように座ろうとしたら，他人の名札が置いてあるもんだから，自分の席がもうとられているものだと勘違いして，
　「今日は，席が決まってるの？」とか
　「なんで，いつもと違うの？」とか，しまいには
　「誰が，勝手に席を決めたの？」なんてことになってしまいました。（まあ，ホントは誰がどこに座ってもいいんですけどね……）

　自分のことは自分でする（させる）ことがいいのは，子どもでもおとなでも同じようですね。

● ● ● 活気あるデイホーム作りのためのヒント集

セルフサービス

14 男性利用者に人気のデイホームの秘密

やりたい人が，やりたいときに，やりたいことをする。

「工夫の足りないレクリエーション　心を満たすメニューに」
　平成13年8月26日付けの読売新聞にそんな見出しの記事が掲載されていました。

　記事の内容は，男性利用者に人気のデイホームの紹介でした。その施設経営者のおひとりの稲垣あきらさんが先日お会いしたときに，こんなことをおっしゃっていました。
　「やりたいことを，やりたい人が，やりたいときにやればいい」

　同じ時間の中で，トランプをしたり，オセロをしたり，パソコンをしたり，囲碁をしたり，マージャンをしたり……。それぞれをやりたい人同士が集まって，楽しい時間をすごしているとのことでした。「（マージャンに没頭して）食事の時間を忘れて困る」と嘆いていましたが，なんとも贅沢な悩みです。

　このデイホームの人気の秘密は，そんなところにあるのではないでしょうか？　スタッフが楽しませてあげるのではなく，あくまでもスタッフと利用者がいっしょになって楽しんでいる。

　あたりまえといえば，あたりまえなことなのに，何か，忘れかけていたことを思い出させてくれたような気がします。

● ● ● 活気あるデイホーム作りのためのヒント集

15　体操をマンネリ化させないコツは？

●●●●●●●●●●●●●●●●●●●●●●●●●

同じ曲でも，バリエーションをふやす方法とは？

「体操がマンネリ化して困ってしまいます。何かいい体操はないでしょうか？」と，こんな質問を受けました。そこで，ある指導者の例をご紹介します。

　その先生は，福祉センターで体力づくりを指導してもう２年以上になります。しかも，やっている体操が２年間ほとんど変わらないのです。それでいて，マンネリ化せず，楽しく続いていました。
　なぜ，同じ体操なのに，ここまで長く続けることができるのか？そこには，ちょっとした工夫が隠されていました。

　同じ体操（曲）には変わりないのですが，振り付けだけは変えているのです。同じ曲でも３つのパターンの振りがあります。「きょうはＢパターンでいきましょう」というふうに，振り付けが変わることで，また，新しい体操がふえたような気さえします。

　同様に，振りが同じでも曲を変えれば，また新しいものが生まれます。ほんのちょっとした工夫で，いくらでも新鮮さは持続します。

　なんて，偉そうに書いてますが，すべては，この先生から学んだことであります。（この場を借りて御礼申し上げます）

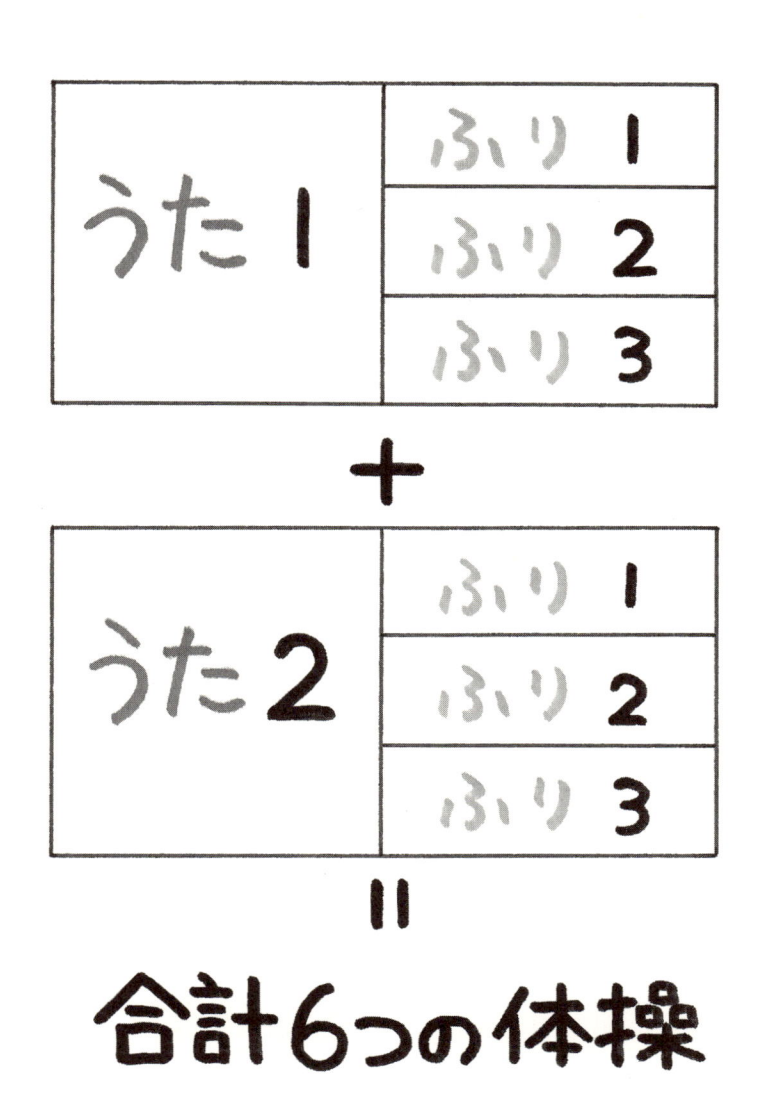

● ● ● 活気あるデイホーム作りのためのヒント集

うた1	ふり1
	ふり2
	ふり3

+

うた2	ふり1
	ふり2
	ふり3

＝

合計6つの体操

16 「わかめ体操」誕生

●●●●●●●●●●●●●●●●●●●●●●

イメージは「わかめ」。こんな体操があってもいいのでは？

　先日，ある体操教室で「花」という曲を体操に使用していました。花といっても「♪春のうららの〜」（武島羽衣作詞，滝廉太郎作曲）じゃなくて，「♪泣きなさい　笑いなさい　いつの日かいつの日か花を咲かそうよ〜」（喜納昌吉作詞・作曲）の花です。

　ゆったりしたテンポで，動きがとてもしなやかで，今までにない「おとなの体操」といった感じでした。うまく言えませんが，お年寄りの体操ではなく，おとなの……ということばがピッタリでした。

　なんだか，とてもゆったりしたイメージだったので，勝手に「わかめ体操」と改名して，使用しています。なんだか，この体操をやっていると，違う世界に行っちゃっているみたいで，妙な感じです。まあ，それがいいのかもしれませんが。

　「からだもこころもわかめのように，そして顔もわかめのように」をモットーにしてやってます。(この模様はホームページをご覧ください)
http://www10.ocn.ne.jp/~m-saitoh/

●●● 活気あるデイホーム作りのためのヒント集

17　季節に応じた体操を創ってみる

体操で季節を感じてみる

　体操っていうと，まっさきにラジオ体操がイメージに浮かんできます（まんまと，NHKにはめられているような気もしますが）。
　しかし，私としては，もっともっと違う曲を使って，楽しくからだを動かせたらいいなあと思っています。
　そこで，季節ごとに，体操の曲を変えてやってみるなんてどうでしょう？

　春には，森山直太朗の「さくら」や，海援隊の「贈ることば」。
　夏には，チューブや，サザンオールスターズの曲。
　秋には……なんだろう？
　冬には，広瀬香美や，ユーミンの曲。
　クリスマスには，ワムの「ラストクリスマス」や，「ホワイトクリスマス」，「あわてんぼうのサンタクロース」なんてのも，おもしろいかも？

　先日も，研修会の参加者に，サザンオールスターズの「TSUNAMI」を，創作体操の課題曲に使用しました。なかなかみなさん，曲の雰囲気にあったものを創りあげていました。

　まあ，どうせ同じからだを動かすのなら，形式ばった体操ばかりでなく自由に楽しくからだを動かしたいものです。

● ● ● 活気あるデイホーム作りのためのヒント集

春　夏　秋　冬

18 「水戸黄門」とゲームの共通点

実はワンパターンな構成。でも，シンプルイズベスト。

　先日，テレビで水戸黄門を見ていたら，ゲームとの共通点を見つけることができました。

　　　開始10分ごろに，事件が発生
　　　45分頃には，印籠のシーン
　　　最後は，次の旅に出るシーン
　　　それと，そうそう　必ずある入浴シーン

　水戸黄門は，構成はワンパターンなのに，毎回違った内容で視聴者を楽しませてくれます。実は，ゲームも同じようなものなのです。私の場合も，ゲームの構成はワンパターンなのです。

　　　はじめは　簡単にみんなでできるもの（導入）
　　　メインは　動きのあるもの，協力するもの（展開）
　　　さいごは　参加者みんなでできるもの（まとめ）

　構成は同じでも，中味を変えれば，あきずに楽しむことができます。「水戸黄門」のように，人気長寿番組を目指したいものです。

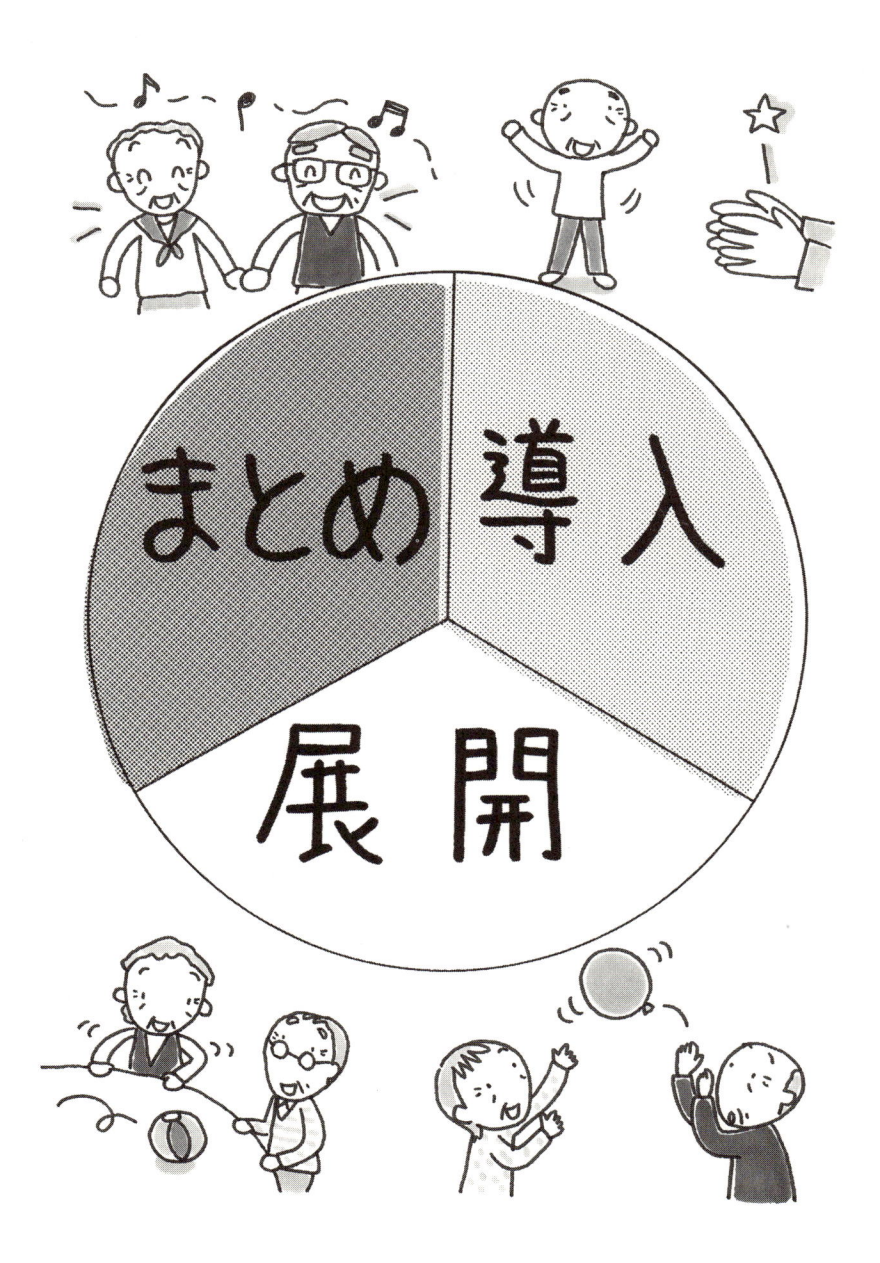

●●● 活気あるデイホーム作りのためのヒント集

まとめ　導入　展開

19　スタートは自分が楽しむことから

他人を楽しませることばかりでなく，自分自身も楽しんでやりたいものですね。

　私はゲーム支援の準備の段階で，必ずその日の予定を紙に書いて，大まかな時間配分と多めのゲームを用意します。計画を立てることで余裕が出てきます。

　とは言っても，ゲームのレパートリーが星の数ほどあるわけではありません。それぞれのADL（日常生活動作）やそのときの状況に合わせてゲーム自体に少しアレンジを加えています。

　座ってゆっくり行ったり，動きを加えて楽しんだり，ひとりで，2人組みで，グループで，と参加者によって，やり方や，難易度を変えていくことで楽しみ方も変わってくるのではないでしょうか。

　最近，講習会でも「楽しかったけれども，うちの施設では難しいかも……」と言われます。あきらめないで，その人にあったゲームをアレンジしてみましょう。

　簡単にできることばかりではなく，チャレンジをする楽しさも奪わないようにしたいですね。

　私がゲーム支援で大切に考えていることは，参加者の人たちに楽しんでもらうことはもちろんですが，自分自身が楽しむことを大事に考えています。難しい顔はしたくないですね！　一緒に笑って楽しい時間を共有できるように，肩を張らずにリラックスして行ってみてはいかがですか。

（皆川　尚子）

●●● 活気あるデイホーム作りのためのヒント集

おわりに―デイホームスタッフの皆様へ―

　あるデイホームで，お年寄りを楽しませるために疲れて果てて仕事を辞めてしまった若い男性職員がいました。その人が言うには，「お年寄りに元気を吸い取られる」ということでした。私には，なんとなく，その気持ちがわかるような気がしました。

　「お年寄りは大切にするものだ」と，小さい頃から教えられてきました。でも，私がこれまで仕事で見てきたお年寄りは，したたかで，ぬけめなく，しっかりしています。筋力は劣っているかもしれませんが，人間力はピークに達しています。

　百戦練磨のお年寄りと，社会人デビューしたての新人が戦ったら（別に戦いませんが），結果は目に見えてあきらかです。新人が生き残るには，お年寄りから元気を奪い取ってKOするぐらいの気持ちでちょうどいいんじゃないでしょうか？

　もっと図太く，タフに，したたかに，お年寄りとやりあってみてはどうでしょう？　デイホームのスタッフの皆様へ，あくまでも私なりのエールを送ります。

講師派遣指導のご案内

　健康維持増進研究会では，専門講師を施設に派遣して，「楽しい健康づくり」を実践しています。ゲームや音楽を利用することで，楽しくからだを動かします。現在，次のようなご依頼をお受けしております。

1　お年寄りを対象にした体操指導
- 流行の曲（「世界にひとつだけの花」，「涙(なだ)そうそう」他）を使用した運動
- ゲーム（手遊び，ジャンケン，ボールなどなど）を利用した運動

2　職員を対象にした研修会
- 手軽にできるゲームの紹介
- 流行の曲を使用した体操の紹介
- 簡単なプログラムのつくりかた
- 楽しいリードのコツ

　仕事に関する，ご相談，ご依頼はお気軽にお問い合わせください。お名前，施設名，電話番号，ご依頼内容を明記の上，FAXまたはメールでお申し込みください。折り返しこちらからご連絡いたします。

〈連絡先〉
☎（FAX共通）03-3302-7955
Email　m-saitoh@beach.ocn.ne.jp　URL　http://www10.ocn.ne.jp/~m-saitoh/

著者紹介

●斎藤道雄　1965年生まれ。国士舘大学体育学部卒業。
株式会社ワイルドスポーツクラブ（幼児体育，イベント企画，運営）を経て，健康維持増進研究会を設立。子どもからお年寄りまでの，楽しい体力づくりを支援。特にゲームを利用したお年寄りの体力づくりは各施設で高い評価を得ている。平成15年度に世田谷区社会福祉事業団と提携し，講師派遣業に加え，スタッフ育成支援事業も手掛けている。

〈著書〉
『お年よりにうけるレクリエーション』，『続・お年よりにうけるレクリエーション』，『幼児にうける体育とゲーム』，『車いすレクリエーション』（以上，大月書店）
『高齢者施設のための楽しいレクリエーション』（グラファージ）
『実際に現場で盛り上がるゲーム＆指導のコツ』（黎明書房）

〈これまでのおもな事業提携先〉
千葉県社会福祉協議会，青森県社会福祉協議会，足立区住区推進課，世田谷区社会福祉事業団，佐倉市社会福祉施設協議会，東京スポーツレクリエーション専門学校，有料老人ホーム敬老園，有料老人ホームレスト・ヴィラ，養護老人ホーム長安寮，養護老人ホーム白寿荘，芸術教育研究所，グラファージ（高齢者レクリエーション用品カタログ販売）ほか

執筆協力

皆川　尚子　スポーツインストラクター(幼児体育,親子体操,高齢者レクリエーション他)

デイホームのためのお年寄りの簡単ゲーム集

2004年6月1日　初版発行	
2004年8月20日　2刷発行	
著　者	斎　藤　道　雄
発行者	武　馬　久仁裕
印　刷	株式会社　太洋社
製　本	株式会社　太洋社

発　行　所　　株式会社　黎　明　書　房

〒460-0002　名古屋市中区丸の内3-6-27　EBSビル
　　☎052-962-3045　FAX 052-951-9065　振替・00880-1-59001
〒101-0051　東京連絡所・千代田区神田神保町1-32-2
　　　　　　　南部ビル302号　☎03-3268-3470

落丁本・乱丁本はお取替します。　　ISBN4-654-05633-5
© M. Saito 2004, Printed in Japan
日本音楽著作権協会(出)許諾第0405375-402号

実際に現場で盛り上がる ゲーム＆指導のコツ	斎藤道雄著 Ａ５判・94頁　1600円	

お年寄りと楽しむゲーム＆レク①　「ゲームを盛り下げない５か条」など，現場経験豊富な著者が，お年寄りと一緒にレクを楽しむコツと，簡単な体操をかねた人気のゲーム23種を紹介。

**少人数で楽しむ
レクリエーション12カ月**　　今井弘雄著　Ａ５判・102頁　1600円

お年寄りと楽しむゲーム＆レク②　宅老所やグループホームなどの小規模施設や小グループで楽しめるレクや歌あそび(歌レク体操)，集会でのお話のヒントなどを月ごとに紹介。

**ちょっとしたボケ防止のための
言葉遊び＆思考ゲーム集**　　今井弘雄著　Ａ５判・94頁　1600円

高齢者の遊び＆ちょっとしたリハビリ①　口や手足を動かしたり，記憶をたどったりすることで脳への血流をよくする楽しい早口言葉等の言葉遊び11種と，物当てゲーム等の思考ゲーム23種を収録。

簡単レクＢＥＳＴ58＆介護ダイアリー　　グループこんぺいと編著　Ａ５判・124頁　1700円

一週間ごとの書き込み式　高齢者の遊び＆ちょっとしたリハビリ②　週ごとの楽しいレク58種と，レクの記録や介護者と家庭の連絡ノートとして使える介護ダイアリーが一冊になった便利な本。

おおぜいで楽しむゲームと歌あそび　　今井弘雄著　Ａ５判・92頁　1600円

高齢者の遊び＆ちょっとしたリハビリ③　リハビリ効果のあるゲーム23種と，「証城寺のたぬきばやし」「青い山脈」など，なつかしい歌に合わせてからだを動かす歌レクリエーション13種を収録。

**ハンディ版
介護・福祉のちらし・おたより・カット集**　　青木智恵子著　Ａ５判・88頁　1600円

高齢者の遊び＆ちょっとしたリハビリ④　施設から利用者に出すちらしやおたよりがコピーして書き込むだけで簡単に作れる。介護イラスト，囲みわく，介護用品のカットも満載。Ａ４判同名書籍のハンディ版。

**知っているときっと役に立つ
健康寿命をのばすクイズと体操60**　　京極正典監修　石田泰照著　Ａ５判・94頁　1600円

高齢者の遊び＆ちょっとしたリハビリ⑤　健康や社会生活に役立つクイズ，知的能力を高め，ボケ防止に役立つ算数・数学パズルや漢字クイズ，身体的・精神的な機能を高める体操など60種紹介。

表示価格は本体価格です。別途消費税がかかります。

お年寄りの楽楽レクリエーション

芸術教育研究所監修　高橋紀子著
Ｂ５判・111頁　2000円

福祉実技シリーズ①　お年寄りや障害のある人と交流するためのレクとその心構えやプログラムを満載。わかりやすいイラストで図解し，適切なアドバイスや個人能力にあったレクが選べる一覧表も収録。

車椅子・片麻痺の人でもできる
レクリエーションゲーム集

今井弘雄著
Ａ５判・98頁　1500円

高齢者のレクリエーション⑤　車椅子・片麻痺の人も，グループの仲間に入って楽しめるゲームを，イラストを交えて42種紹介。遊びを通じて人間関係がスムーズになり，リハビリ効果も上がります。

誰でもできる回想法の実践

田中和代著
Ｂ５判・95頁　2000円

痴呆の人のQOL（クオリティ・オブ・ライフ）を高めるために　家庭や高齢者施設で，専門家でなくても手軽にはじめられる，痴呆のお年寄り向けの回想法の手順を，豊富な実例とともにわかりやすく紹介。

遊びが育てる世代間交流

芸術教育研究所所長　多田千尋著
Ａ５判・181頁　1700円

子どもとお年寄りをつなぐ　子どもとお年寄りが共に充実した毎日と豊かな人生を歩むための世代間交流のあり方を提案。子どもとお年寄りの交流の喪失／世代間交流の形をデザインする／他。

アプティケア⑤
特集：冬を楽しむレク行事

芸術教育研究所編
ＡＢ判・48頁（カラー８頁）1200円

紙粘土でつくるクリスマスオーナメントや，折り紙でつくるかんたんくす玉などのレクの他，「車椅子の人も参加，施設一丸で取り組む旅行レク」など，高齢者レクの現場報告をますます充実！

アプティケア⑥
特集：介護の現場で今すぐ使える春の手工芸

芸術教育研究所編
ＡＢ判・48頁（カラー８頁）1200円

お年寄りと一緒につくって楽しめる，紙ビーズを使ったつり飾り，塗り絵でつくる屏風，オーブンで焼ける陶芸など，高齢者福祉施設などですぐに取り組める楽しいアイディアが満載。

アプティケア⑦
特集：お年寄りと子どもをつなぐ手づくりレク

芸術教育研究所編
ＡＢ判・48頁（カラー８頁）1200円

お年寄りと子どもが，一緒につくって楽しめる工作の特集のほか，高齢者介護の現場で実際に取り組まれているレクを，イラスト・写真を交えて楽しく紹介。

表示価格は本体価格です。別途消費税がかかります。